Inhalt

Emissionszertifikate - Die beginnende dritte Handelsphase steht unter ungünstigen Vorzeichen

Kernthesen

Beitrag

Fallbeispiele

Weiterführende Literatur

Impressum

Emissionszertifikate - Die beginnende dritte Handelsphase steht unter ungünstigen Vorzeichen

Harald Reil

Kernthesen

- Der Handel mit Emissionszertifikaten tritt im Jahr 2013 in seine dritte Phase ein.
- Lediglich 40 Prozent der deutschen Unternehmen haben die Kosten, die auf sie zukommen werden, bereits bewertet.
- Viele Firmen werden auch mittelfristig in keine neuen Technologien investieren, die den Ausstoß an Treibhausgasen minimieren.

- Die Einbeziehung des europäischen Flugverkehrs in den Zertifikatehandel stößt auf Widerstand.
- Kritiker befürchten massive wirtschaftliche Nachteile für Europa.

Beitrag

Die EU will klimaschädliche Treibhausgase drastisch senken

Das Klima spielt verrückt: Diese Erkenntnis ist mittlerweile zum Allgemeingut geworden; genauso wie die Tatsache, dass die Menschheit für diese Misere selbst verantwortlich ist. Für jeden auch nur oberflächlich informierten Beobachter ist aber auch ebenso klar, dass die kollektiven Anstrengungen, dieser Bedrohung Herr zu werden, dem Versuch gleichen, einen Flächenbrand mithilfe einiger Gläser Wasser zu löschen, das in die immer weiter um sich greifenden Flammen geschüttet wird - der sprichwörtliche Tropfen auf dem heißen Stein. Die Europäische Union will sich dennoch nicht geschlagen geben. Ihre Mitgliedsländer planen, bis 2020 den Ausstoß von klimaschädlichen Treibhausgasen auf 70 Prozent des Referenzwertes aus dem Jahr 1990 zu senken. Einer der Bausteine, um dieses ehrgeizige Ziel zu erreichen, ist der Handel mit Emissionszertifikaten, der ab 2013 in seine dritte Phase eintritt. Der Grundgedanke: Unternehmen, die Treibhausgase verursachen, können ohne wirtschaftliche Nachteile innerhalb einer bestimmten Periode nur so viele Emissionen in die Luft blasen, wie ihnen von der EU-Kommission zugestanden werden. Firmen, die diesen Wert überschreiten, müssen Zertifikate hinzukaufen. Betriebe, die energieeffizienter arbeiten, dürfen die ihnen zugeteilten Zertifikate verkaufen. Das System soll Unternehmen Anreize liefern, mehr Geld in umweltfreundliche Technologien zu investieren, um auf Dauer ihre Kosten zu minimieren. Soweit die Theorie. In der Praxis gibt es Probleme - auch bei deutschen Unternehmen. (1)

Unternehmen halten sich mit Investitionen in umweltfreundliche Technologien zurück

Eines der Probleme scheint die Unwilligkeit von Firmenlenkern zu sein, in umweltfreundlichere Technologien zu investieren, um den Ausstoß an Treibhausgasen zu senken. Das ist zumindest die zentrale These der KFW-Bankengruppe und des Zentrums für Europäische Wirtschaftsforschung (ZEW), die eine Studie zu diesem Thema veröffentlicht haben. Den Erkenntnissen der Experten zufolge seien auch mittelfristig keine entscheidenden Anstrengungen der Unternehmen zu erwarten, ihre Umweltbilanz zu verbessern. Zudem hätten bisher nur rund vierzig Prozent der deutschen Firmen Anstrengungen unternommen, die Kosten, die auf sie zukommen werden, zu bewerten. Diese Nachlässigkeit ist umso bedenklicher, als ab der dritten Phase des Emissionshandels die Zahl der Zertifikate, die die Industrie gratis erhält, jährlich abnehmen wird. Abgesehen von der schlechten Vorbereitung der Unternehmen auf die veränderten Rahmenbedingungen des Emissionshandels, gibt es auch Stimmen, die die Sinnhaftigkeit zumindest einiger Neuerungen grundsätzlich in Frage stellen. (2), (3)

Kritiker befürchten massive wirtschaftliche Nachteile

Der größte Stein des Anstoßes ist wohl die Integration des Luftverkehrs in den Emissionshandel. Hintergrund: Die EU-Kommission wird bereits ab nächstem Jahr für alle Flüge mit Start und Ziel in einem Mitgliedsland der Europäischen Union

Emissionszertifikate fordern - unabhängig davon, ob es sich bei den Airlines um europäische oder außereuropäische Fluglinien handelt. Kritiker halten das gleich aus mehreren Gründen für unverantwortlich. Die wesentlichen Thesen: China hat angedroht, europäische Gesellschaften mit Strafzöllen zu belegen, die Amerikaner haben einen Handelskrieg angekündigt. Europa wird als Folge dieser Entscheidung außerdem Marktanteile einbüßen, während sich in Asien und den USA der Flugverkehr ausweiten wird. Außerdem steht zu erwarten, dass die Golfstaaten Europa den Rang als Dreh- und Angelpunkt des Flugverkehrs zwischen den USA und Asien ablaufen werden. Und sogar das Hauptziel, Emissionen zu senken, bleibt voraussichtlich unerreicht, da der europäische Sonderweg das Problem nur verlagert. (4), (5)

Trends

Langstreckenflüge könnten bis zu zwölf Euro teurer werden

Die EU-Kommission vermutet, dass Passagiere für Langstreckenflüge, die entweder in einem EU-Flughafen starten oder dort enden, ab nächstem Jahr stärker zur Kasse gebeten werden. Sie veranschlagt die Höhe der Kosten auf bis zu zwölf Euro pro Person. Die Begründung: Da Airlines bereits 2012 für Flüge mit Abflug und Ankunft in der Europäischen Union Emissionszertifikate vorlegen müssen, werden sie die höheren Ausgaben wahrscheinlich auf die Fluggäste abwälzen. (6)

Firmen müssen mit erheblichen finanziellen Zusatzbelastungen rechnen

Da ab 2013 die kostenlose Zuteilung von Emissionsrechten abnehmen wird, müssen sich Unternehmen auf erhebliche finanzielle Zusatzbelastungen einstellen. Auch die Zahl der Firmen, die Zertifikate zukaufen müssen, wird drastisch steigen. Zurzeit sind es noch 27 Prozent, ab 2013 wird ihr Anteil auf 63 Prozent klettern. (10)

Fallbeispiele

US-Airlines klagen vor dem Europäischen Gerichtshof und

auch Polen hadert

US-Airlines wollen die EU-Pläne zur Integration von Fluggesellschaften in das Emissionshandelssystem nicht kampflos akzeptieren. Sie betrachten den verpflichtenden Kauf von Zertifikaten als unerlaubte Steuer und haben daher vor dem Europäischen Gerichtshof geklagt. Auch Polen ist mit dem Emissionshandel alles andere als einverstanden. Der Strom des Landes wird zu über 90 Prozent in Kraftwerken erzeugt, die mit fossilen Brennstoffen betrieben werden. Entsprechend hoch ist der Ausstoß an klimaschädlichen Treibhausgasen. Da Energieversorger ab 2013 alle Zertifikate kaufen müssen, sehen die Polen eine Kostenlawine auf sich zurollen, die andere Länder mit einer klimafreundlicheren Stromerzeugung nicht zu befürchten haben. (8)

70 Prozent der deutschen Unternehmen haben kein wirkungsvolles "Carbon Management"

Rund 70 Prozent der deutschen Unternehmen, die vom Emissionshandel betroffen sind, haben kein wirkungsvolles "Carbon Management". Zu dieser

Schlussfolgerung kommen die Experten der KFW-Bankengruppe und des Zentrums für Europäische Wirtschaftsforschung (ZEW), die die Vorbereitung deutscher Firmen auf die dritte Phase des Handels mit Emissionszertifikaten untersucht haben. Ein Schritt, um diesen Missstand zu beheben, wären beispielsweise finanzielle Anreize für Mitarbeiter. Sie könnten auf diese Weise motiviert werden, sich Mittel und Wege zu überlegen, um den Ausstoß von umweltschädlichen Treibhausgasen zu verringern. (2)

Österreichischer Stahlproduzent führt "Carbon Management" ein

Im benachbarten Österreich bereitet sich die voestalpine, der führende Stahlproduzent des Landes, auf die dritte Phase des Emissionshandels vor. Das Unternehmen plant ein eigenes "Carbon Management", um die acht bis zehn Millionen Tonnen Kohlendioxid, die es pro Jahr emittiert, zu reduzieren. Wie notwendig diese Entscheidung ist, lässt sich mit folgender Tatsache leicht belegen: Obwohl die voestalpine weltweit zu jenen Stahlherstellern gehört, die dank moderner Technik die wenigsten Treibhausgase pro produzierter Tonne Stahl ausstoßen, trägt das Unternehmen rund ein Fünftel der österreichischen Gesamtkosten für die Verursachung von Kohlendioxid. (7)

Weiterführende Literatur

(1) Klimaklammer: Die Krise der Klimapolitik
aus www.powernews.org Meldung vom 20.09.2011 - 09:12

(2) KfW/ZEW CO_2-Barometer: Deutsche Unternehmen ungenügend auf Neuerungen im EU-Emissionshandel ab 2013 vorbereitet
aus news aktuell, 2011-09-07

(3) Kostenlos zugeteilte CO_2-Zertfikate für die Industrie werden ab 2013 jährlich weniger
aus VDI NR. 20 VOM 20.05.2011 SEITE 16

(4) EU hält an Klimaauflagen für Flugverkehr fest
aus Frankfurter Allgemeine Zeitung, 27.09.2011, Nr. 225, S. 11

(5) Unverantwortlich
aus Frankfurter Allgemeine Zeitung, 27.09.2011, Nr. 225, S. 11

(6) Langstreckenflüge ab 2012 teurer
aus Berliner Morgenpost, 27.09.2011, Nr. 32, S. 9

(7) Milliardengeschäfte mit heißer Luft
aus "Format" Nr. 01/11 vom 07.01.2011 Seite: 38,39,40

(8) EU-Nachrichten
aus VDI NR. 28-29 VOM 15.07.2011 SEITE 5

(9) Nachholbedarf beim Emissionshandel

aus Der Treasurer vom 15.07.2010, Nr. 14, S. 8

(10) Neuregelungen im Emissionshandel sorgen für mehr Effizienz
aus www.powernews.org Meldung vom 14.09.2011 - 10:29

Impressum

Emissionszertifikate - Die beginnende dritte Handelsphase steht unter ungünstigen Vorzeichen

Bibliografische Information der deutschen Nationalbibliothek

Die Deutsche Nationalbibliothek verzeichnet diese Publikation in der deutschen Nationalbibliografie; detaillierte bibliografische Daten sind im Internet über http://dnb.d-nb.de abrufbar.

ISBN: 978-3-7379-1526-7

© 2015 GBI-Genios Deutsche Wirtschaftsdatenbank GmbH, Freischützstraße 96, 81927 München, www.genios.de

Alle Rechte vorbehalten. Dieses Werk ist einschließlich aller seiner Teile – z.B. Texte, Tabellen und Grafiken - urheberrechtlich geschützt. Jede Verwertung außerhalb der Grenzen des Urheberrechtsgesetzes bedarf der vorherigen Zustimmung des Verlags. Dies gilt insbesondere auch für auszugsweise Nachdrucke, fotomechanische Vervielfältigungen (Fotokopie/Mikroskopie), Übersetzungen, Auswertungen durch Datenbanken oder ähnliche Einrichtungen und die Einspeicherung und Verarbeitung in elektronischen Systemen.